KARL PILSL

STARKE WORTE FÜR STARKE ZEITEN

Nr. 2

ER**VOLL**GREICH INS
3. JAHRTAUSEND

Erschienen im Verlag:
Verlag Gute Nachricht GmbH
Freyunger Str. 53 a · D-94146 Vorderschmiding
Telefon 08551 9149-0 · Fax 08551 9149-14
E-Mail: office@verlag-gute-nachricht.de
www.wirtschaftsrevolution.de

ISBN: 3-935760-12-4

3. unveränderte Auflage, April 2005
2. überarbeitete, veränderte Neuauflage, Oktober 2004
(1. Auflage erschienen 1992 unter Strategie 2000, Bregenz, Österreich)

INHALT

VORWORT

Liebe Leserin, lieber Leser!

Starke Worte für starke Zeiten.

Nun liegt die Nummer 2 vor dir. Als wir die Nummer 1 von der Druckerei bekamen und dann an verschiedene Menschen verteilten und wir sie dann zum Vertrieb freigaben – ich sage dir: Wir bekamen phänomenal positive Reaktionen. Menschen riefen an aus allen Gesellschaftsschichten und machten uns Komplimente und gaben uns viel Ermutigung für die weiteren Schritte. Ein gutes neues Projekt – mit einer gewaltig großen Zielgruppe und einem brennenden Bedürfnis. **Hoffnung, Ermutigung** und **Auferbauung** brauchen die Menschen von heute wie ein Stück Brot.

Erfolgreich ins 3. Jahrtausend ist der Übertitel dieser Nummer 2. Wir alle wollen erfolgreich sein, jeder auf seine Weise. Wir alle wollen erfolgreich ins 3. Jahrtausend gehen.

Ich bin auf vielen Seminaren und frage immer wieder die Teilnehmer, ob jemand da sei, der das nicht will. Gibt es jemanden, der sagt: „Ich bin mit Leib und Seele gerne ein Versager. Was wollt ihr mit euren Erfolgen, es ist doch so schön zu versagen, zu verlieren." Kein vernünftiger Mensch wird sich damit identifizieren.

Wir alle brauchen **ERFOLG.**

Aber was ist **ERFOLG?** In der Schule wurde uns gelehrt, dass man Erfolg so buchstabiert: **E-R-F-O-L-G**

Genau das ist der ERFOLG, dem die Leute nachlaufen und der sie nicht in die Fülle des Lebens führt. **Erfolg** sagt ja bereits aus, dass **er** etwas **folgt** und zwar die meisten Menschen dem, was die Masse ihnen vorlebt. Sie laufen (folgen) dem nach, was andere schon getan haben und laufen dorthin, wo schon viele vorher waren, **er folgt** der Masse und kommt daher auch dort an, wo die Masse schon war. Dort ist aber bereits alles abgefressen und nichts mehr zu holen. Wer von euch weiß, wovon ich spreche? Ich spreche von einem anderen Erfolg und buchstabiere ihn auch anders:

ERVOLLG

Genau das ist es, was der Mensch wirklich sucht:

VOLLe Freude. Freude vollkommen. Ein erfülltes Leben ist ein Leben, in dem die Freude VOLLkommen ist.

Er will **voll**e Genüge.

Ein Leben der Fülle. Und das ist möglich unter gewissen Voraussetzungen.

Jesus Christus sagt im Johannes-Evangelium, Kapitel 10, Vers 10: „Ich bin gekommen, damit ihr (wir) Leben habt und es **in Fülle** habt." Und er sagt weiter an mehreren Stellen: „Bittet, damit eure Freude **voll**kommen ist."

Ein erfolgreiches Leben ist ein **erfülltes Leben**, in dem die Freude **voll**kommen ist. Wie bekommt man diesen **Ervollg?** Ganz einfach, indem man anderen Menschen zur **vollen Genüge** verhilft.

Er = dein Kunde, oder dein Nächster, soll **volle Genüge** haben.

Wie? Durch deinen Dienst, den du anderen Menschen aufgrund deiner Fähigkeiten und Talente erbringst. Daher heißt es: Hilf genug anderen Menschen, ihre Probleme zu lösen und deine eigenen Probleme lösen sich von selbst – oder wirtschaftlich formuliert: Löse genügend Kunden **ihre** Probleme mit **deinen** Stärken **optimal** bzw. **besser** als andere und sie werden dir gerne deinen Preis dafür (deine Rechnungen) bezahlen.

Damit lösen sich deine Probleme im geschäftlichen Bereich von selbst, wenn genügend Kunden gerne deine Rechnungen bezahlen. Dasselbe Prinzip gilt jedoch auch in allen anderen Bereichen des Lebens. In der Ehe, in der Familie, im sozialen Bereich, im zwischenmenschlichen Bereich.

Wirtschaftsleben heißt nicht Räubertum.

Wirtschaftsleben heißt ganz einfach:

Jeder tut das, was er besonders gut kann und löst damit anderen Menschen Probleme und befriedigt deren Bedürfnisse so optimal wie möglich.

Wirtschaftsleben ist gegenseitiges Problemelösen; anderen Menschen zur vollen Genüge zu verhelfen. Er, der Andere, soll volle Genüge haben durch meine Mithilfe. Dann brauche ich mich um meinen Ervollg nicht mehr zu sorgen.

Wir leben in einer interessanten Zeit. Ich bin so dankbar, dass ich in dieser Zeit leben darf und z. B. nicht im Mittelalter leben musste. Diese Jahre des 21. Jahrhunderts nach Christi Geburt werden hochinteressante Jahre sein.

Eine gewaltige Herausforderung, der wir mit großer Begeisterung begegnen können. Es werden sich viele Dinge in den nächsten Jahren verändern.

Bist du gerüstet?
Gerüstet in der Fülle der Freude?
Angst ist fehl am Platz und nicht notwendig.
Es gibt jede Menge Gründe für Mut und Zuversicht.
Diese Broschüre wird ganz sicher dazu beitragen.

Eine Bitte habe ich an dich:
Wenn du **starke Worte für starke Zeiten** gut findest, gib sie doch weiter. Als Geschenk. Wenn du mir Wege aufzeigen möchtest, wie mehr Menschen in den Genuss dieser Inhalte kommen, so freue ich mich über jede Anregung und Kontaktherstellung.

Unsere Vision:
„Wir bringen Gute Nachricht in jedes Haus."
Unser Ziel:
„Mitzuhelfen, dass Menschen wieder ervollgreich
und glücklich werden."

ErVOLLg in Harmonie wünscht dir heute

Karl Pilsl

»Das, was hinter dir liegt und das, was vor dir liegt, ist nicht so bedeutend wie das, was IN DIR liegt.«

Zu viele Menschen sind damit beschäftigt, die Vergangenheit aufzuarbeiten. Und sie verlieren damit wichtige Zeit, um heute für die Zukunft Samen zu legen. Zu viele Menschen sind damit beschäftigt sich zu sorgen, was wohl das Morgen bringen könnte. Und sie vergessen dabei ganz, dass das Morgen ganz einfach die Ernte von dem ist, was heute gesät wird. Entscheidend ist ja nicht so sehr, was gestern war. Daraus dürfen wir lernen und dann sollten wir die negativen Erlebnisse schnell vergessen. Und das, was morgen kommt, hängt ja letztlich nur davon ab, welches Fundament **du heute** für dein Morgen legst und welchen Samen du **heute** auf **welchen** Acker legst. Doch was ist der Same? Der Same ist das, was **in dir** liegt. Dein Denken, deine Natur, deine Persönlichkeit, deine Fähigkeiten und Talente. Sie liegen in dir. Was du damit machst, ist ganz allein deine Entscheidung. Außer dir kann niemand deine Talente nutzen. Du bist der Einzige, der diese nutzen kann. Das, was du **heute** mit deinen Talenten und Fähigkeiten machst, bestimmt **dein Morgen**. Das, was du heute säst, wird deine morgige Ernte sein. Gott hat dir genügend und ausreichende Talente und Fähigkeiten gegeben, um ein Leben der Fülle leben zu können. Es liegt alles in deiner Hand.

ERMUTIGUNG FÜR HEUTE

Schaue nicht mehr zurück und beklage deine Vergangenheit. Sorge dich auch nicht um deine Zukunft. Für die ist gesorgt, wenn du das, was in dir liegt, mobilisierst und es zum Nutzen der Menschen einsetzt.

TAG 2

»Wer Hand an den Pflug legt und nochmals zurückblickt, taugt NICHTS für das Reich Gottes.«

Weißt du, warum so viele Menschen im Leben nicht weiterkommen? Es gibt verschiedene Gründe. Einer davon ist, dass viele gar nicht Hand an den Pflug legen. Sie reden nur über ihre Pläne, ihre Visionen und ihre mögliche Karriere. Sie träumen davon, haben aber keinen Aktionsplan für die tägliche Arbeit. Wenn ein Ziel, ein Traum oder eine Vision nicht in tägliche Aktivitäten und Teilschritte umgelegt wird, bleibt es ein Traum. Solche Leute nennt man dann liebevoll Träumer. Wer nicht arbeitet, soll auch nicht essen. Der Weg zum Ziel muss täglich beschritten werden. Zumindest einen Schritt in die richtige Richtung. Nur träumen ist auf die Dauer frustrierend. Ein weiterer Grund ist dieser: Viele Leute legen auch Hand an den Pflug, aber sobald ein Hindernis auftritt, mit dem sie nicht gerechnet haben, blicken sie zurück in die Vergangenheit und sagen: „Ach, wären wir doch dort geblieben, dort gab es alle diese Hindernisse und Probleme nicht." Sobald du in diese Denkweise verfällst, verlierst du an Kraft, an Motivation und an Begeisterung am Ziel und gerade diese Dinge brauchst du so nötig, wenn es darum geht, Hindernisse und Schwierigkeiten auf dem Weg zu überwinden. Daher heißt es auch: „Wer nochmals zurückblickt, taugt nichts für das Reich Gottes." Und wenn ich dafür nichts tauge, werde ich auch im täglichen Leben nicht viel taugen. Denn das Reich Gottes ist das Einzige, was ewigen Bestand hat und was wirklich zählt.

ERMUTIGUNG FÜR HEUTE

Leg Hand an den Pflug. Werde aktiv mit täglichen Schritten in die richtige Richtung. Schau nicht zurück. Die Vergangenheit ist vergangen. Es liegen bessere Dinge vor dir, z.B. die Realisierung deiner Träume.

»Persönliche Zuverlässigkeit ist wichtiger als fachliche Genialität.«

Die Power persönlicher Zuverlässigkeit unterschätzen viele Menschen. Es wird viel studiert, Fachwissen angeeignet und Verstand trainiert. Und das ist gut so. Aber die persönliche Zuverlässigkeit, Charakter, Moral, Ethik und gute Eigenschaften bringen dieses fachliche Können erst so richtig auf die Räder und zur Wirkung.

Harvard Business School, Amerikas Parade-Wirtschafts-universität, machte eine ausgedehnte Analyse unter Führungskräften und Personen, die die Topetage erreicht haben. Daraus kam ganz klar zum Ausdruck, dass 85% all jener, die es bis „ganz oben" schafften, aufgrund ihrer persönlichen Qualitäten befördert wurden und nur 15% aufgrund eines speziellen Fachwissens. Eigentlich ist das ja auch ganz logisch.

Was nutzt es, wenn jemand ein Top-Ingenieur ist, aber im menschlichen Bereich versagt, unzuverlässig ist und nicht vertrauenswürdig. Was nützt es, wenn jemand ein 3-facher Doktor ist, aber sich niemand auf ihn verlassen kann und er einen Hang zum Nehmen hat, anstatt zuerst zu geben. Fachliche Qualifikation ist sehr wichtig. Aber erst die menschliche Qualität, persönliche Integrität, Verantwortungsbewusstsein und ethische Werte machen einen Menschen zu einem Spitzenleister. Die Bibel sagt schon seit zweitausend Jahren, dass man einen Menschen nicht an seiner Ausbildung erkennt, sondern an seinen Früchten – langfristig.

ERMUTIGUNG FÜR HEUTE

Mache noch heute einen Check-up an deinen menschlichen Werten. Deine fachlichen Fähigkeiten – glaube ich – reichen schon lange aus für außergewöhnlichen Erfolg. Vielleicht kannst du den persönlichen Eigenschaften etwas mehr positive Power zuführen.

TAG 4

»Gott gab jedem seiner Geschöpfe das Potenzial zum persönlichen ErVOLLg. Was machst du damit?«

Als Gott den Menschen erschuf, hat er in ihn alles hineingelegt, was er braucht, um ein erfülltes Leben zu führen. Ein erfülltes Leben ist ein er**voll**greiches Leben. Und das ist es genau, was er möchte – **voll**kommene Freude. Dazu hat Gott dich und mich geschaffen. Jesus sagt in Joh. 10:10, er sei gekommen, damit wir Leben haben und es in Fülle haben und an mehreren anderen Stellen: ..., damit unsere Freude vollkommen ist. Also ervollgreich in jeder Beziehung. Als Gott dich persönlich erschaffen hat, hat er auch einen Plan für dein Leben mitgegeben. Und nicht nur das. Er hat dich auch ausgestattet mit dem gesamten Potenzial an Fähigkeiten, die du dazu brauchst, um in dem von Gott für dich vorgesehenen Plan effizient und erfolgreich zu sein. Glaubst du das? Gott ist nicht dumm. **Er ist die Weisheit.** Er weiß genau, was notwendig ist für ein erfülltes Leben. Die Talente und den dazugehörigen Verarbeitungsapparat (Verstand) hat er dir sogar kostenlos mitgegeben. Gott hat in dich investiert und erwartet nun, dass du daraus etwas machst. Gottes Konzept ist Fruchtbarkeit und Multiplikation, Saat und Ernte. Was tust du mit deinem Samenkorn (Talenten, Fähigkeiten). Nutzen? Persönlicher Ervollg ist nicht schwierig, wenn man mit dem, was man hat, das Richtige tut.

ERMUTIGUNG FÜR HEUTE

Nimm dir Zeit und finde heraus, welche Talente Gott dir tatsächlich mitgegeben hat. Stelle diese Talente und Fähigkeiten in den Dienst der Menschen, in den Dienst einer Gemeinschaft.
Stifte Nutzen mit all deiner Kraft und du bist ein Sieger.

»HEUTE ist das MORGEN, von dem du gestern gesprochen hast.«

In einem amerikanischen Restaurant hängt ein Schild mit folgender Aufschrift: „Morgen gibt es Freibier!" Und dieses Schild hängt täglich dort. In vielen Häusern und Wohnungen, Büros und Geschäften hängt ebenfalls ein Schild mit folgender Aufschrift:

„Morgen fangen wir an" oder „Morgen werde ich mich ändern" und vergessen dabei ganz, dass ja **heute das Morgen ist, von dem sie gestern gesprochen haben.** Ich hoffe, du gehörst nicht zu jenen Menschen, denen das Morgen wichtiger ist als das Heute. Das wäre ja auch gar nicht so falsch, wenn heute für das Morgen das nötige Fundament gelegt wird. Der Mensch lebt immer nur heute. Denn 23:50 Uhr ist heute und 0:12 Uhr ist auch heute. Und was man heute nicht tut, wird daher nie getan. Unterzieh dich doch mal persönlich einer Kontrolle, ob du bereits an „Aufschieberitis" erkrankt bist. Heute ist ein langer Tag. Er hat 24 Stunden. Da kann man viel Gutes tun. Man kann aber auch viel Zeit vergeuden mit unsinnigen Gedanken und Gerede. 24 Stunden sind viel Zeit und sie stehen dir täglich zur Verfügung. 24 Stunden sind sehr lange. Probier doch mal nur eine Stunde deinem Ehepartner zuzuhören, ohne zu widersprechen – dann weißt du, wie lange 24 Stunden sind. Diese müssen richtig genutzt werden.

ERMUTIGUNG FÜR HEUTE

Sei kein Zeitvernichter. Vergeude deine Zeit nicht mit unwichtigen, unfruchtbaren Dingen. Deine Zeit ist dein Leben.
Wenn du mit deinem Leben etwas anfangen möchtest, dann beginne doch mit deiner Zeit etwas Gutes anzufangen.
Und die Früchte entsprechen genau dem Samenkorn.

TAG 6

»Täuschet euch nicht, Gott lässt seiner nicht spotten. Was der Mensch sät, das wird er ernten.«

Jeder von uns kennt das Gesetz von Saat und Ernte. Die Bibel sagt bereits im 1. Mose: „Es wird nicht aufhören Saat und Ernte." Es ist daher wichtig, was wir in unserem täglichen Leben säen. Dementsprechend sieht auch unser Leben aus. Jeder Bauer weiß, dass die Ernte immer dem Samenkorn entspricht. Weizen bringt Weizen hervor und Hafer bringt Hafer hervor. Rede doch mal mit einem Bauern, du kannst von ihm viel lernen. Und wenn du mit einem Mann von der Saatbaugenossenschaft sprichst, wirst du erfahren, dass man Samenkörner auch veredeln kann und sie werden edlere Früchte hervorbringen. Wir alle wissen das und werden darüber auch nicht lange diskutieren.

Das Gesetz von Saat und Ernte funktioniert aber auch im sozialen Bereich, im menschlichen Bereich, im seelischen Bereich, im geistigen Bereich und im geistlichen Bereich. In jedem Bereich des Lebens, der Natur und des menschlichen Lebens gelten dieselben Gesetzmäßigkeiten Gottes. Was der Mensch sät, das wird er ernten. Keiner der Mächtigen dieser Welt kann und wird jemals dieses kraftvolle, unumstößliche, unbestechliche Gesetz von Saat und Ernte außer Kraft setzten können. Daher ist es am besten, wenn wir alles tun, um **mit** dieser Gesetzmäßigkeit so gut wie möglich zu kooperieren. Lerne es im menschlichen Bereich genauso zu verstehen, wie der Bauer es im natürlichen Bereich verstanden hat.

ERMUTIGUNG FÜR HEUTE

Schau dir dein Samenkorn gut an. Welches Samenkorn legst du täglich aus gegenüber deinen Mitmenschen? Wenn es ein schlechtes Samenkorn (Unkraut) ist, dann tausche es sofort aus. Wenn es ein gutes Samenkorn ist, dann beginne es weiter zu veredeln.

»Anfang der Weisheit ist: Erwirb dir Weisheit, erwirb dir Einsicht mit deinem ganzen Vermögen.«
Sprüche 4:7

Weisheit ist der Anfang aller guten Dinge. Mit Weisheit wird ein Haus gebaut, mit Weisheit soll man auch sein Leben bauen. Es gibt jedoch zwei Arten von Weisheit. Die Weisheit der Menschen und die Weisheit Gottes. Was in den Augen von Menschen weise ist, ist sehr oft nicht wirklich Weisheit. Dem einen erscheint etwas als eine weise Handlung, dem anderen erscheint es als das Törichteste, was man in einer Situation tun kann. Wer hat nun Recht? Der Menschen Weisheit hat ihr Fundament sehr oft auf allen möglichen Philosophien, die jedoch langfristig nicht zum Ziel führen. Weisheit Gottes ist etwas ganz anderes. Die Weisheit Gottes hat dieses Universum gegründet und hält es immer noch minutiös in Gang. Die Weisheit Gottes ist nicht diskutierbar. Gott ist die Wahrheit. Er hat immer Recht und führt es in seiner **All**mächtigkeit auch aus. Ich spreche hier von der Weisheit Gottes. Die kann sich ein Mensch erwerben. Der Preis ist hoch – es bedarf deines ganzen Vermögens. Weisheit Gottes besitzen heißt, alle Dinge mit den Augen Gottes sehen, betrachten und beurteilen. Diese Weisheit Gottes lässt sich erwerben. Gott bietet sie an – aber nur jenen, die bereit sind, den Preis zu bezahlen. Gottes Weisheit ist der Anfang allen Reichtums und aller Ehre. Gottes Weisheit ist der Anfang allen persönlichen Er**voll**ges. Bist du bereit, den Preis dafür zu bezahlen? Hat dies Priorität 1 in deinem Leben? Dies und die daraus entstehenden Konsequenzen sind der Preis.

ERMUTIGUNG FÜR HEUTE

Ordne deine Prioritäten. Erwirb dir Weisheit mit deinem ganzen Vermögen. Weisheit und Einsicht sind die Basis für ein Leben in Fülle. Die Weisheit Gottes aus Liebe zu Gott muss Priorität Nr. 1 sein, dann wird dir alles andere zufallen.

TAG **8**

**»Agieren ist besser als reagieren.
Leben ist besser als gelebt werden.«**

Heutzutage ist für viele Menschen jeden Tag ein „Stress". Sie reden von Stress, sie leben im Stress und diskutieren darüber, wie man diesen wohl beseitigen könnte. Reagieren auf alle möglichen Situationen füllt den ganzen Tag aus, um am Abend wieder mal festzustellen, heute habe ich nicht das getan, was ich eigentlich tun wollte. Viele sind Getriebene ihrer eigenen Umstände, Getriebene in stressigen Situationen, die durch das Gefühl des Getriebenseins natürlich noch weiter eskalieren. Bis zum Zusammenbruch. Stop!

Wenn du dir als Getriebener vorkommst, wenn der Stress des Alltages dein Leben negativ beeinflusst, wenn du nur mehr reagierst auf alle möglichen Angriffe und Situationen, rufe ich dir heute laut zu: „Stopp!"

Bleib stehen. Schau den Dingen, die dich verfolgen, ins Auge und beginne heute, dein Leben selbst in die Hand zu nehmen. Du sagst jetzt vielleicht: „Wie soll ich das machen, ich kann doch nicht raus aus diesem Leben, ich kann doch nicht alles liegen lassen und davonlaufen, ich kann doch nicht ... ich kann doch nicht ..." Aber eins kannst du sicher: Stehen bleiben, einen Tag der absoluten Ruhe einlegen und dein Leben unter die Lupe nehmen. Die Dinge analysieren, die dich treiben, um dann festzustellen, dass nicht alles so wichtig ist, wie du heute meinst.

ERMUTIGUNG FÜR HEUTE

Nimm dein Leben in die Hand. Du hast einen freien Willen.
Triff qualifizierte Entscheidungen. Analysiere, womit du heute
deine 24 Stunden zugebracht hast und beginne heute,
deine Prioritäten genau einzuhalten und aktiv zu leben.
Je mehr du agierst, um so weniger brauchst du zu reagieren.

»Dein heutiges Leben ist die Summe deiner gestrigen Entscheidungen.«

Welche Entscheidungen hast du in der Vergangenheit getroffen? Welche Information hast du in der Vergangenheit aufgenommen? Welche Samen hast du in der Vergangenheit gesät? Genau so und nicht anders schaut dein Heute aus. Dein Heute ist das Ergebnis deiner gestrigen Entscheidungen.

Entscheidung Nr. 1: **Was tust** du mit deiner Zeit?

Entscheidung Nr. 2: **Welche Information** nimmst du heute auf?

Entscheidung Nr. 3: **Welche Samen** legst du heute auf welchen Acker?

Das sind alles deine Entscheidungen, die du – und nur du – täglich für dich treffen kannst.

Was ich mit Samen meine? Ganz einfach: deine Gedanken, deine Worte, deine Taten. Eine gute Tat ist eine gute Saat. Ein negatives Wort ist eine schlechte Saat. Tod und Leben liegen in der Macht deiner Zunge. Was du denkst und was du sprichst, das wird deine Tat (Saat) und demzufolge die Ernte. Wenn dir dein heutiges Leben nicht gefällt, verändere ganz einfach deine Entscheidungen hinsichtlich Zeiteinsatz, Informationsaufnahme und Taten.

ERMUTIGUNG FÜR HEUTE

Auch wenn du derzeit in einer „Tretmühle" stehst und meinst, es gibt kein Heraus oder kein Zurück. Halte inne, denke darüber nach, wo du deine Entscheidungen schrittweise verbessern kannst, und du wirst schrittweise feststellen, dass sich die Früchte (Qualität) verbessern.

TAG 10

»Das ist menschlichte Größe:
Auf einem schon lange gegangenen Weg umzukehren.«

Viele Menschen sagen heutzutage: „Ja, wenn ich nochmals jung wäre, würde ich ... dieses anders machen, mich hier ändern und jenes verbessern. Aber ich bin ja schon älter und tue die Dinge schon immer so – ich weiß, dass es nicht optimal ist, aber was soll's!" Hast du das schon mal wo gehört? Vielleicht sogar aus dem eigenen Mund?

Es gibt auch den alten Bibelspruch: Manchem gefällt ein Weg wohl, letztlich führt er doch zum Tode. Frage: Was würdest du tun, wenn du schon 100 km in der Wüste in eine Richtung mit dem Auto unterwegs warst und dann feststellst, dass der Weg direkt in den Abgrund führt? Würdest du umkehren? – Oder in den Abgrund fahren, weil du ja doch schon 100 km gefahren bist? Es ist nie zu spät und nie zu früh umzukehren, wenn man erkannt hat, dass der bisher gegangene Weg nicht zum Ziel (vollkommene Freude – Ervollg) führt. Es ist auch keine Schande, umzukehren und zuzugeben, dass man bisher aufgrund falscher Information und darauf aufgebauten, falschen Entscheidungen in die falsche Richtung gegangen ist. Bist du schon mal mit dem Auto in die falsche Richtung gefahren, weil man dich falsch informiert hat? Das passiert täglich vielen, vielen Menschen. Sie gehen in die falsche Richtung. Viele sind zu stolz, um umzukehren. Ergebnis: Tod.

ERMUTIGUNG FÜR HEUTE

Zeige menschliche Größe. Wenn du erkannt hast, dass Umkehr nötig ist, schaue nicht auf andere Menschen und deren Meinungen. Kehr um. Auch wenn du den falschen Weg schon lange gegangen bist. Heute ist der Tag der Entscheidung.

»Ein Blick in die Vergangenheit hat nur Sinn, wenn er der Zukunft dient!«
Konrad Adenauer

Wir alle wissen, Konrad Adenauer war ein tüchtiger, erfolgreicher und weiser Staatsmann. Deutschland und ganz Europa hat ihm viel zu verdanken. Wenn Konrad Adenauer der Vergangenheit mehr Bedeutung beigemessen hätte als der Zukunft, wäre er nicht mit seinen unbestreitbaren, politischen und persönlichen Erfolgen in die Zukunft eingegangen.

Sag mir bitte, was nützt es, in die Vergangenheit zu schauen, wenn es der Zukunft **nicht** dient? Die **Vergangenheit** ist genau das, was sie ist: **vergangen.** Wir lernen daraus und schauen in die Zukunft. Wir schöpfen daraus, aber nur dann, wenn es der Zukunft dient.

Die Vergangenheit ist nicht mehr zu ändern. Daher heißt es in einem alten Lied: Glücklich ist, wer vergisst, was nicht mehr zu ändern ist!

Beschäftigt dich die Vergangenheit oft?

Wie viel Zeit bringst du zu damit, an die Vergangenheit zu denken? Wie viel Zeit davon ärgerst du dich über Dinge, die nicht mehr zu ändern sind? Wenn du deine 24 Stunden am Tag damit „verärgerst" und daher deine Zeit unfruchtbar verstreichen lässt, kann dir niemand helfen – außer du dir selbst.

ERMUTIGUNG FÜR HEUTE

Schaue in der Zukunft. Was gibt es an Möglichkeiten für eine bessere Zukunft? Wenn du vorwärts gehen willst, musst du auch nach vorwärts schauen. Lass die Vergangenheit nur dann Teil deines Heute sein, wenn es der Zukunft dienlich ist. Kopf vorwärts, Freund!

TAG 12

»Wirklich reich sind die Leute, die immer genug Zeit haben zu leben.«

Wer von uns hat nicht schon mal davon geträumt, viel Geld zu verdienen, um dann wirklich reich zu sein. Wenn ich doch nur eine Million hätte, würde ich jetzt gerne einen Monat nach Acapulco fliegen und mir dort einen schönen Urlaub machen. Kennst du solche Träume? Leider ist es so, dass die meisten Menschen, die sich das auch leisten könnten, es sich nicht leisten, weil ihnen die Zeit zum Leben fehlt.

Wirklich schön ist: Millionär sein, keine Arbeit haben, keine Sorgen haben, genügend Zeit und Muße für die schönen Dinge und in jedem Lebensbereich vollkommene Freude. Freude 24 Stunden am Tag, in allen Lebensbereichen. Und dies sieben Tage die Woche.

Das ist möglich, aber wie viele solche Leute kennst du, bei denen das so ist? Ich ehrlich gesagt keinen. Das heißt aber nicht, dass es nicht möglich wäre, wenn die Prioritäten stimmen, die Wertmaßstäbe stimmen, die Ziele stimmen, die persönlichen Eigenschaften und Einstellungen stimmen. Viele Leute laufen dem Geld nach mit der falschen Vorstellung, dass man dann auch zu genug Zeit kommt, das Geld zu genießen. Wenn dem Geld nach zu laufen Priorität 1 ist, funktioniert es sicher nicht, denn dann wird Geld zur Droge und die Zeit zur Mangelware.

ERMUTIGUNG FÜR HEUTE

Ordne deine Prioritäten. Gott Nr. 1, Ehepartner Nr. 2, Familie Nr. 3 und dann verbringe die restliche Zeit damit, mit deinen Fähigkeiten anderen Menschen optimale Dienste zu leisten. Gute Dienste bringen gute Verdienste und du hast aufgrund deiner Prioritäten genug Zeit zum Leben.

»Die durch Irrtum zur Wahrheit reisen, das sind die Weisen. Die im Irrtum verharren, das sind die Narren.«

Klingt doch gut. Und stimmt auch. Ist es möglich, dass du Zeit deines Lebens einem Irrtum aufgesessen bist und auf diesen Irrtum die Entscheidungen der Vergangenheit aufgebaut hast – und daher jetzt mit deinem Leben nicht zufrieden bist?

Es ist nur eine Frage. Nicht ärgern, ich habe nicht gesagt, dass du das getan hast. Aber eine Frage ist es doch wert, oder? Es könnte ja sein, dass wir alle einem Irrtum aufgesessen sind, weil wir niemals von der Wahrheit unterrichtet wurden. Denke doch an die Millionen Russen, die Zeit ihres Lebens nur einen Irrtum (genannt Kommunismus oder Staatskapitalismus oder ...) zu Gehör bekommen haben und daher zwangsläufig den Irrtum als Wahrheit empfunden haben und darauf Entscheidungen aufgebaut haben. Wahrscheinlich hat ihnen ein inneres Empfinden gesagt, dass irgendetwas nicht stimmen kann, aber es gab keine andere Information. Hast du auch hin und wieder das innere Empfinden, dass irgendetwas nicht ganz stimmen kann, wenn du auf dein Leben schaust, das evtl. nicht ganz erfüllt und glücklich ist? Vielleicht hast du auch Entscheidungen getroffen, die auf Irrtum aufgebaut waren, nur weil dir in der Vergangenheit Irrtum als Wahrheit verkauft wurde – so wie in Russland, nur evtl. in einem anderen Bereich, z.B. in geistlichen Fragen. Das kommt sehr oft vor, kann aber nur von dir persönlich verändert werden – hin zur Wahrheit.

ERMUTIGUNG FÜR HEUTE

Verharre nicht im Irrtum. Wenn du das Gefühl hast, du könntest bisher falsch informiert worden sein, öffne dein Herz für die Wahrheit.
Die einzige Wahrheit ist Gott. Gottes Wort. Unverfälscht.
Jesus Christus sagt: Ich bin der Weg, die Wahrheit und das Leben, keiner kommt zum Vater denn durch mich.

TAG 14

»Nur weil sich viele wichtige Leute in einem Irrtum einig sind, macht dies den Irrtum noch lange nicht zur Wahrheit.«

Kürzlich besuchte ich ein Wirtschaftsforum mit vielen wichtigen und bekannten Sprechern. Es waren Hunderte Persönlichkeiten aus Wirtschaft und Politik versammelt und die Veranstaltung war aus weltlicher Sicht ein Erfolg – ich habe es genossen, einmal zuzuhören und habe einiges Gutes dabei gehört und gelernt. Gratulation den Veranstaltern. Aber bei all den sieben Sprechern hatte ich den Eindruck, dass der Kern des Lebens in ihren Botschaften fehlte. Jeder hatte eine andere Philosophie und doch glichen sich im Grunde genommen die Aussagen immer wieder. Erfolg durch Methoden, Philosophien, Taktiken und Techniken.

Bei einem der wichtigsten Sprecher schrieb ich dann groß auf meinen Schreibblock: „Nur weil sich viele wichtige Leute in einem Irrtum einig sind, macht dies den Irrtum noch lange nicht zur Wahrheit." Der Mensch sucht die Wahrheit. Nur die Wahrheit macht zufrieden und bringt vollkommene Freude. Lass dich nicht blenden: Nur weil sich in einer Sache viele wichtige Leute einig sind, heißt das nicht, dass es Wahrheit ist. Ich glaube nicht an anhaltenden, erfüllenden Ervollg durch Taktiken, Techniken oder Methoden, sondern ich glaube an einen Ervollg durch richtige Prioritätenreihung im Leben als Ganzes. Es gibt viele Philosophien, aber nur eine Wahrheit. Wer sie wirklich sucht, der findet sie. Ich helfe dir dabei, wenn du meine Hilfe dazu haben willst.

ERMUTIGUNG FÜR HEUTE

Lass dich nicht blenden von der Meinung der Masse. Die Straße, die ins Verderben führt, ist breit, viele gehen auf ihr. Sei mutig und kühn. Schwimme gegen den Strom, dann kommst du zur Quelle.

TAG 15

»Auf dem Weg des geringsten Widerstandes ist nur der Anfang asphaltiert.«

Wie oft hast du versucht, in deinem Leben den Weg des geringsten Widerstandes zu gehen? Und du hast dann fest gestellt, dass es dich letztlich nicht mit Freude erfüllte. Viele Menschen gehen den Weg des geringsten Widerstandes und meinen, es sei der richtige Weg, weil er so schön asphaltiert ist und es so einfach ist, darauf zu gehen. Der Weg des geringsten Widerstandes bedarf der geringsten Energie, darum gefällt er so vielen Menschen. Der Weg, der nach oben führt, ist schmaler, manchmal steinig, mit Hindernissen begleitet und bedarf mehr Energieeinsatz – nur wenige gehen ihn. Aber er führt zur Spitze, ist aufregend, begeisternd und voller neuer Ausblicke und Einsichten und Möglichkeiten.

Ich sagte nicht, wir sollten Widerstand erzeugen. Widerstand gibt es ohnehin genug, es ist daher unnötig, noch weiteren Widerstand zu erzeugen – auch nicht für andere Menschen. Was ich sagte, ist, dass wir uns nicht in unserem Leben davon leiten lassen sollen, wenn etwas den geringsten Widerstand bietet. Diese Wege werden zu oft begangen, weil sie so verlockend scheinen – aber wie gesagt: Nur am Anfang asphaltiert, dann immer steiniger und schwieriger. Es ist nicht alles Gold, was glänzt. Wenn du von einer asphaltierten Straße geblendet worden bist, aber dann im Abseits des Lebens gelandet bist, ist es Zeit zum Umkehren.

ERMUTIGUNG FÜR HEUTE

Lass dich nicht von negativen Stimmen aus deiner Umgebung beeinflussen, die dich entmutigen wollen, den schöneren, aber herausfordernderen Weg zu gehen. Triff deine Entscheidung selbst. Lass dich nicht blenden von gut klingenden Theorien. Folge der Stimme deines Herzens, geh bergauf!

TAG 16

»Es hilft nicht, den Mund zu spitzen, sondern es muss gepfiffen werden, das heißt, es muss angefasst werden.«
F.W. Raiffeisen

Kennst du Menschen, die immer davon reden, was sie tun werden in der Zukunft? Kennst du auch Menschen, die sehr gut dabei sind, über verschiedene Möglichkeiten zu reden? Kennst du auch Menschen, die immer die tollsten Ideen haben, aber keine realisieren?

Ich habe einige von diesen kennen gelernt. Tolle Kerle, wenn's darum geht, über etwas zu diskutieren. Tolle Burschen, wenn's darum geht, etwas zu zerreden. Jeder von uns kennt das Sagen: „Man sollte ..., man müsste ..., man könnte ..., man täte ...!" Aber keiner fasst wirklich an. Ja, anfangs vielleicht, solange man auf der Asphaltstraße geht, aber sobald es etwas holpriger wird, dann ...: „Ja, so habe ich das ja nicht gemeint, nicht gesehen ..., ich bin der Meinung ...", sind dann die gängigen Entschuldigungen.

F.W. Raiffeisen wusste, was er meinte, wenn er obigen Ausspruch tat. Es reicht nicht aus, den Mund zu spitzen. Es reicht nicht aus, nur so zu tun als ob, es reicht nicht aus, etwas halbherzig anzugehen. Es muss angefasst werden!

F.W. Raiffeisen hat angefasst – vor vielen, vielen Jahren, und noch heute sieht man die guten Früchte seiner Tat (Saat) – lange über sein menschliches Leben hinaus. Das haben gute Dinge so an sich.

ERMUTIGUNG FÜR HEUTE

Die heutige Gesellschaft schreit nach F.W. Raiffeisens. Leute, die anfassen, bereit sind zu handeln. Leute, die bereit sind, ihren Beitrag zu leisten, zur Verbesserung der Welt. Leute wie dich und mich, die nicht nur den Mund spitzen, sondern t u n . Es gibt nichts Gutes, außer man tut es.

»Wenn du mehr arbeitest als du momentan bezahlt bekommst, wird auch der Tag kommen, an dem du mehr bezahlt bekommst für das, was du tust.«

Immer wieder hört man sagen: Warum soll ich mehr arbeiten, es bezahlt mich doch keiner dafür. Oder: Für diesen kleinen Lohn werde ich mir doch nicht die Füße ausreißen. Vor Jahren sagte mir einmal ein Mitarbeiter: „Chef, für diesen Lohn ist ja höchstens meine Anwesenheit bezahlt." Das ist ca. 30 Jahre her. Derselbe Mann ist bis heute keinen Schritt weitergekommen. Sein Denken hat sich nicht verändert, seine innere Einstellung hat sich nicht verändert. Er wartet immer noch auf eine Beförderung und diese bleibt aus. Warum? Weil dies nicht die Menschen sind, die die heutige Wirtschaft braucht. Wir brauchen Menschen, die bereit sind, zu **geben**, auch wenn das bessere Ergebnis noch nicht sichtbar ist. Er**geb**nis (Belohnung) kommt von **Geben**. Ich muss immer zuerst **mehr geben**, bevor ich ein **besseres Ergebnis** erwarten kann. Vor einigen Jahren kam ein Bekannter zu mir und fragte mich: „Was soll ich tun, ich möchte gerne bei dieser Firma arbeiten, aber sie stellen mich nicht ein?" Ich gab ihm folgenden Rat: „Geh hin zu diesem Chef und biete ihm doch deine Dienste für einige Tage kostenlos an. Sag ihm, du möchtest gerne beweisen, dass du spitze bist und arbeite ganz einfach ein paar Tage dort kostenlos. Gib dein Bestes und arbeite so, wie wenn du einen Spitzenlohn empfangen würdest." Mein Bekannter tat es. Der Chef war begeistert von ihm und er bekam den gewünschten Job. Saat und Ernte funktioniert.

ERMUTIGUNG FÜR HEUTE

Gib alles, was du geben kannst. Gib immer dein Bestes.
Mit freudigem Herzen und lauterer Gesinnung. Sei ein positiver, leistungsfreudiger Mensch. Sei ein Vorbild deiner Kollegen.
Sei ein Segen für deinen Chef / Auftraggeber.
Die Ernte bleibt nicht aus – auch wenn sie etwas auf sich warten lässt.

TAG 18

**»Sieger geben niemals auf.
Aufgeber werden niemals siegen.«**

Das ist eine eindeutige Sache. Ein Sieger kann nicht siegen, wenn er vorher aufgibt. Ein Aufgeber kann nicht Sieger sein, weil er ja vorher aufgegeben hat. Gib niemals auf. Es ist zu früh, um aufzugeben. Es ist immer zu früh, um aufzugeben. Bleib an der Sache dran wie eine Briefmarke am Kuvert, bis es angekommen ist. Ich bin fest davon überzeugt, dass zu viele Leute lange Zeit für etwas kämpfen und dann 3 m vor dem Ziel aufgeben. Vor dem Ziel wird es natürlich am zähesten. Vor dem endgültigen Durchbruch braucht es oft die größte Kraftanstrengung.

Stell dir folgende Situation bildlich vor: Ein Skirennläufer kämpft sich nach hartem Training und besten Vorbereitungen endlich am Renntag die Hahnenkammstrecke in Kitzbühel runter. Er setzt alles auf eine Karte, gibt, was zu geben ist, und schließlich nach der „Hausbergkante", ca. 20 m vor dem Ziel, schwingt er ab und gibt auf, weil er müde geworden ist. Wie töricht. Oder Boris Becker in Wimbledon. Im 5. Satz kurz vor dem alles entscheidenden Tiebreak wird er müde und verlässt das Kampffeld. Welcher Unsinn. Viele Menschen kämpfen ein Leben lang, sind auf dem Weg, geben ihr Bestes, um schließlich knapp vor dem Ziel, dem Durchbruch, aufzugeben. Und sagen dann: „Es war einfach nicht möglich. Es hat nicht sollen sein." Wie töricht.

ERMUTIGUNG FÜR HEUTE

Mach sicher, dass der Kampf, den du kämpfst, der richtige Kampf ist.
Wenn ja, dann gib niemals auf. Bleib am Ball, bleib dran,
behalte Kondition, motiviere dich selbst mit deinem Ziel,
behalte deine Vision im Auge, geh vorwärts und siege.

»Vergebung ist nicht nur eine Empfehlung. Vergebung ist eine Notwendigkeit.«

Wenn du im Leben Freude, Friede und Glück erleben möchtest, dann musst du ein Leben der Vergebung leben. Wir alle kennen Menschen, die nicht vergeben können, die nachtragend sind und immer wieder in der Vergangenheit kramen, wenn sie jemanden nicht leiden mögen. Wenn du zu jenen gehörst, wundere dich nicht, wenn du in deinem Leben keinen Frieden finden kannst. Ohne Vergebung von Gott zu empfangen, ist es auch nicht möglich, in jenem Frieden zu leben, den die Welt nicht geben kann, sondern nur unser Vater im Himmel. Friede, der alles Verstehen übersteigt. Friede in jeder Situation, Friede trotz aller widrigen Umstände. Friede und Freude im Geiste Gottes. Voraussetzung dafür ist Vergebung.

Wir alle beteten schon im Vater Unser: „... vergib uns unsere Schuld, wie auch wir vergeben unseren Schuldigern." Gott vergibt uns unsere Schuld in dem Maße, wie wir bereit sind, unseren Schuldigern zu vergeben. Wenn wir selbst in Frieden und Freude leben wollen, müssen wir zuerst vergeben, mit ganzem Herzen, für immer. Dann kann Gott uns unsere Schuld vergeben (keine Schuldgefühle mehr nötig) und wir können in Frieden leben. Schuldgefühle kommen von Schuld. Schuld wird von Gott gerne vergeben, wenn du bereit bist zu vergeben. Deinem Nächsten – und dir selbst!

ERMUTIGUNG FÜR HEUTE

Vergebung ist Notwendigkeit. Gott vergibt gerne. Jedem, der seinen Mitmenschen gerne vergibt. Und fange bei dir selbst an. Vergib dir zuerst selbst. Vergib dir deine eigenen Fehler der Vergangenheit und es wird dir viel leichter fallen, auch anderen zu vergeben und von Gott Vergebung voll anzunehmen.

TAG 20

»Normalerweise liegt deine Berufung in jenem Bereich, der dir die größte Freude bringt.«

Wir wissen, dass es einen Unterschied gibt zwischen Beruf und Berufung. Beruf ist ganz einfach eine Arbeit, die man ausführt, um Geld zu verdienen. Berufung ist das, was den gegebenen Fähigkeiten entspricht und wo man den höchstmöglichen Nutzen zu stiften in der Lage ist. Und das macht Freude. Es macht Freude, Nutzen zu stiften. Gott hat auf jeden Menschen eine Berufung gelegt und ihn dafür mit den Fähigkeiten und Talenten ausgestattet. Er hat uns in diese Welt gestellt, um mit unseren Fähigkeiten und unserer Berufung anderen Menschen höchstmöglichen Nutzen zu stiften. Wenn wir Nutzen stiften, macht das Freude, denn die Menschen freuen sich über unseren Nutzen. Nutzen stiften soll unser Dienst sein. Dienst bringt dann Ver-Dienst. Je besser der Dienst, desto besser der Ver-Dienst.

Viele Menschen fragen sich: Wie kann ich wissen und erkennen, wo meine Berufung liegt? Ganz einfach: Wo liegen deine Fähigkeiten und Talente? Wo stiftest du den höchsten Nutzen für deine Umwelt? Was erfüllt dich am meisten mit Freude?

Stelle dir diese Fragen immer wieder und adjustiere dein Leben Schritt für Schritt in diese Richtung. Dorthin, wo deine Freude am größten ist.

ERMUTIGUNG FÜR HEUTE

Halte bewusst Ausschau nach deinen Fähigkeiten. Sieh die Möglichkeiten, die mit deinen Fähigkeiten verbunden sind. Stelle fest, wo du die besten Dienste leisten kannst, wo du die höchste Freude stiften kannst. Beginne, dich mehr und mehr darauf zu konzentrieren. Es funktioniert.

»Du wirst niemals wahre Freiheit erleben, wenn du sprichst wie ein Gefangener.«

Wir wissen bereits, dass unsere Gedanken darüber entscheiden, wie unser Leben aussieht. Denn aus Gedanken werden Worte und aus Worten werden Taten. „Tod und Leben liegen in der Macht deiner Zunge", sagt Sprüche 18:21. Dein Sprechen ist ein ganz entscheidender Punkt in Bezug auf dein künftiges Leben. Du kennst sicherlich auch Menschen, die gerne ein Leben der Fülle und des Erfolges leben möchten, aber eine ganze Liste mit sich herumschleppen, bei der jeder Satz beginnt mit:

Aber … Aber … Aber …

Und mit diesen „Abers" besprechen sie exakt die Gründe, warum sie nicht in diese so ersehnte Freiheit kommen. Ihr ganzes Denken ist auf Gefangenschaft, negative Umstände, Schwierigkeiten und Probleme ausgerichtet und sie vergessen dabei ganz, dass ja dieses Denken selbst genau der Grund ist, warum sie in der unerfreulichen Situation verharren müssen. Ihr eigenes Denken hält sie gefangen. Viele Menschen sind die Gefangenen ihrer eigenen Gedanken und Worte und wundern sich täglich, warum sie nicht aus der Gefangenschaft herauskommen. Sie denken Gefangenschaft, sprechen Gefangenschaft, handeln daher wie Gefangene und wundern sich … Sie sprechen sich selbst das Urteil.

ERMUTIGUNG FÜR HEUTE

Egal, wie deine Umstände aussehen mögen – ändere dein Reden! Sprich nicht mehr die Umstände. Sprich die Lösung, sprich Worte der Er-Lösung. Sprich Freiheit. Sprich Leben. Sprich Sieg. Sprich Freude. – Sprich dich frei!

TAG **22**

»Du wirst niemals zum Geschäftsführer werden, wenn du dich benimmst wie ein Hilfsarbeiter.«

Wenn es dein Ziel ist, Geschäfts**führer** zu werden, dann beginne heute, wie ein Geschäftsführer zu denken. Wenn es dein Ziel ist, Unternehmer zu werden, dann beginne heute, wie ein Unternehmer zu denken. Wenn es dein Ziel ist, erfolgreich zu werden, dann beginne heute, wie ein Erfolgreicher zu denken.

Wenn du so zu denken gelernt hast, dann ist der Schritt nicht mehr weit, wie ein Geschäftsführer zu reden. Geschäftsführer reden nicht wie Hilfsarbeiter. Unternehmer reden nicht wie Manager. Unternehmer sprechen die Sprache eines Führers. Manager sprechen die Sprache eines Managers. Du fragst dich vielleicht: Wo ist der Unterschied zwischen einem Unternehmer und einem Manager? Da ist ein großer Unterschied, den ich evtl. an anderer Stelle einmal beschreiben werde. Erfolgreiche reden nicht wie Versager. Sieger reden anders als Verlierer. Wenn du gelernt hast, wie ein Geschäftsführer zu reden, dann ist der Weg nicht mehr weit – und eine automatische Folge, bis du dich auch benimmst wie ein Geschäfts**führer** / Unternehmer / Sieger. Du musst deine Vision im Auge behalten und so agieren, als wenn diese Vision schon Wirklichkeit wäre. **Und es wird geschehen.**

ERMUTIGUNG FÜR HEUTE

Mach dir deine Ziele klar. Verändere dein Denken – heute – in diese Richtung. Sprich die Gedanken aus, die zum Ziel passen, und handle danach. Benimm dich wie ein Sieger – benimm dich wie ein Erfolgreicher – und du wirst es erleben.

»Fallen ist keine Schande, aber Liegenbleiben.«

Ich habe in meinem Leben so ziemlich alles erlebt, was man an Fehlern erleben kann. Ich hatte viele wirtschaftliche Schwierigkeiten, meine erste Ehe ging 1977 in Brüche, hatte mein Haus verloren und sonst alles, was zu mir gehörte. Ich musste lernen, Misserfolg zu überwinden und immer wieder aufzustehen. Versagen ist ja nur ein Ereignis, keine Person. Wir alle machen viele Fehler, bei manchen werden sie mehr, bei anderen weniger sichtbar. Wir alle fallen mehrmals im Leben, die Frage ist nur: Bleiben wir liegen, oder stehen wir wieder auf?

Wer von euch ist schon mal ins Wasser gefallen? Viele. Man ertrinkt nicht, weil man ins Wasser fällt, sondern nur, wenn man drinnen bleibt. Das tat ich nie. Zu viele Menschen bleiben und verharren in ihrem Gefühl der Demotivation und wundern sich dann, wenn sie nicht mehr hoch kommen.

Ein Freund sagte kürzlich zu mir: „Was mir an dir am meisten imponiert, ist, dass du ein Lebenskünstler bist. Du fällst und stehst immer wieder auf." Ein anderer Freund sagte mir: „Du fällst immer auf die Butterseite." Und ein Dritter nannte mich gar ein „Stehauf-Manderl".

Ja, ich bin schon oft gefallen und schäme mich dessen nicht. Wir alle tun das – täglich. Entscheidend ist, dass ich immer wieder schnell auf die Füße komme, wie ein Marathonläufer, der steht auch auf, bevor ihn alle überholt haben.

ERMUTIGUNG FÜR HEUTE

Bleib nicht liegen. Egal, was alles schief gelaufen ist. Steh auf und laufe weiter den Lauf deines Lebens. Lerne aus der Vergangenheit, aber steh auf und laufe. Für den endgültigen Sieg ist es noch nicht zu spät.

TAG 24

»Champions sind jene, die es einmal öfter versuchen als die anderen.«

Ein Champion ist einer, der herausragende Leistungen erbracht hat und damit an die Spitze eines Feldes gekommen ist. Ein Champion ist ein Champion, weil er siegte. Er siegte, weil er nicht aufgegeben hat und es einmal öfter versuchte. Es gibt einige eindrucksvolle Beispiele von Champions und wie sie dorthin kamen:

Mr. Edison, der Erfinder des elektrischen Lichtes. Man sagt, dass er 12.000 Versuche nötig hatte, um das elektrische Licht zu erfinden. Bist du nicht froh, dass er es nach dem 11.999-sten Versuch noch einmal versuchte?

Mr. Henry Ford, der große Automobil-Hero, baute zweimal Konkurs, bevor er mit der Fordautofabrik dann zu weltweitem Ruhm kam. Er versuchte es eben noch einmal.

Mr. Walt Disney, der weltbekannte Erfinder der Mickey Maus und vieler anderer guter Dinge, hatte mehrmals Konkurs zu erleben und auch Nervenzusammenbrüche, bevor er den Durchbruch schaffte. Meine Enkelkinder sind heute froh, dass er es noch einmal versuchte – schon allein wegen der Mickey Maus, oder?

Und es gibt noch viele weitere Beispiele, die auch dich ermutigen sollen, es noch einmal zu versuchen.

ERMUTIGUNG FÜR HEUTE

Lass dich nicht entmutigen, nur weil einige Dinge in deinem Leben nicht gleich funktionieren. Denk an Mr. Edison, 12.000 x ist wirklich oft. Versuche es immer wieder. Sieh die Lösung vor deinem geistigen Auge und es wird dich motivieren, es nochmals zu versuchen.

TAG 25

»Der Beweis für die wirkliche Existenz deiner Wünsche ist, dass du diese auch verfolgst.«

Wünsche haben viele. Es ist etwas Gutes, Wünsche stimulieren und wirken sehr anregend. Wünsche sind für manche Menschen das Einzige, was sie noch am Leben hält.

Wünsche existieren, keiner ist „wunschlos glücklich". Wenn einer sagt, er sei „wunschlos glücklich", dann mag das vielleicht für den Augenblick gelten, aber nicht für den ganzen Tag – schon gar nicht für das ganze Leben. Wenn dir jemand sagt, er sei immer „wunschlos glücklich", dann sei vorsichtig, wahrscheinlich lügt er auch bei anderen Dingen.

Wünsche existieren. Viele haben brennende Wünsche und dennoch tut sich nichts in ihrem Leben. Ganz einfach deswegen, weil sie nichts für ihre Wünsche tun. Wünsche müssen in Ziele umgewandelt werden. Ziele müssen in tägliche Schritte umgelegt werden. Die täglichen Schritte müssen auch täglich getan werden. In die richtige Richtung – auf das Ziel zu, das die Wünsche erfüllt, die dir so im Herzen brennen.

Ziele müssen täglich verfolgt werden, damit die Wünsche zur Realität werden.

ERMUTIGUNG FÜR HEUTE

Werde dir klar über deine Wünsche. Konkretisiere diese und wandle sie in konkrete Ziele um. Teile die Ziele in verdaubare Schritte ein und arbeite täglich daran, diese zur Realität werden zu lassen. So einfach ist das.

TAG 26

»Ein Hauptgrund für Erfolg liegt darin, sich Gewohnheiten anzueignen, die Versager nicht bereit sind zu tun.«
Albert Gray

Erfolg ist auch eine Folge von Gewohnheiten, die man sich angeeignet hat. Mein Leben sieht ja so aus, wie die Dinge, die ich täglich tue. Vieles geschieht aus Gewohnheiten, das weißt du und das weiß ich. Gewohnheiten tut man automatisch, ohne noch lange darüber nachzudenken, was man genau tut und warum man etwas eigentlich tut. Man tut es einfach aus Gewohnheit. Gewohnheiten gehen einem auch leicht von der Hand, es bedarf nicht mehr viel Energieaufwand.

Die entscheidende Frage daher:

Welche Gewohnheiten hast du dir in deinem Leben angeeignet? Was tust du so aus Gewohnheit den ganzen Tag. Ob man etwas aus Gewohnheit tut oder ganz bewusst, spielt eigentlich keine Rolle. Das, was man tut, bringt automatisch dementsprechende Früchte hervor.

Wenn ich aus Gewohnheit das Gute tue, werde ich das Gute ernten. Wenn ich aus Gewohnheit das Böse tue, werde ich das Böse ernten. Wenn ich aus Gewohnheit positiv spreche, werde ich das Positive ernten. Wenn ich aus Gewohnheit negativ spreche, werde ich das Negative ernten. Wenn ich aus Gewohnheit Unkraut säe, werde ich eben Unkraut ernten. Ob Gewohnheit oder bewusstes Handeln hat auf die Ernte keinen Einfluss. Dem Acker ist es nämlich ganz egal, ob ein Samenkorn bewusst gepflanzt oder unbewusst in seine Erde fällt. Er reproduziert ganz nach der Art des Samenkorns.

ERMUTIGUNG FÜR HEUTE

Kontrolliere einmal deine Gewohnheiten.
Was tust du alles so täglich aus Gewohnheit. Stelle das mal fest.
Und dann wirst du schnell erkennen, wo die Ursachen für deine Situation liegen. Gewöhne dir positive Gewohnheiten an.

»Ein Hauptgrund für Erfolg liegt darin, sich Gewohnheiten anzueignen, die Versager nicht bereit sind zu tun.«
Albert Gray

Gestern haben wir uns bereits mit diesem Thema beschäftigt. Eines steht fest: Menschen, denen es sehr leicht fällt, ein erfolgreiches, siegreiches Leben zu führen, haben wahrscheinlich Gewohnheiten, die der Natur eines Erfolgreichen entsprechen. Gewohnheiten, die zum Sieg führen. Gewohnheiten, die eben gute Früchte hervorbringen, weil es guter Same ist.

Alles reproduziert nach seiner Art. Egal, ob aus Gewohnheit gesät oder aus purer Absicht. Daher empfehle ich dir heute: Eigne dir bewusst die Gewohnheiten eines Siegers an. Sein Denken, sein Reden, sein Handeln. Es muss zum Automatismus werden, dann passiert es ganz einfach - aus Gewohnheit.

Was sind die Gewohnheiten eines Erfolgreichen?

Es beginnt in seinem Denken. Er denkt positiv. Er denkt **Geben** und **nicht Nehmen.** Er denkt in Nutzen stiften. Er denkt immer daran, wie man anderen Menschen helfen kann. Er ist freundlich. Er spricht die Lösung und nicht das Problem. Er spricht von Chancen und nicht von Schwierigkeiten. Er handelt siegessicher, nicht aufgesetzt, sondern aus Gewohnheit. Er dient aus Überzeugung, er hilft mit Begeisterung.

ERMUTIGUNG FÜR HEUTE

Studiere die Gewohnheiten erfolgreicher Menschen. Beginne, so zu denken, so zu reden, so zu handeln. Und dies mindestens 21 Tage lang, bewusst und regelmäßig, dann wird es zu einer Gewohnheit und passiert bald automatisch. Und du gehst automatisch dem Erfolg entgegen.

TAG **28**

**»Darum sind die Männer verpflichtet,
ihre Frauen so zu lieben wie ihren eigenen Leib.
Wer seine Frau liebt, liebt sich selbst.«**
Epheser 5:28

Ein wesentlicher Bestand für persönlichen Ervollg ist eine glückliche Ehe. Ich meine nicht nur ein glückliches Zusammenleben in einer Hausgemeinschaft. Ich meine volle Erfüllung im ehelichen Bereich. In jeder Hinsicht. Ein Herz und eine Seele sein mit seinem Ehepartner. Und ein Leib. Eine glückliche, erfüllte Ehe passiert nicht einfach, sie muss geformt und gelebt werden – täglich. Nun, ein Wort von Mann zu Mann: Ich bin fest davon überzeugt, dass eine erfüllte, glückliche Ehe zu 80% in den Händen des Mannes liegt und zu 20% in den Händen der Frau. Ich weiß schon, dass alles anders wäre, wenn die Frauen zu uns lieber wären. Aber das ist nur Gerede und stimmt nur teilweise. Wir Männer setzen den Standard in unseren Familien. Wir Männer müssen beginnen. Wir Männer sind verpflichtet (nicht nur eine Empfehlung), unsere Frau zu lieben wie unseren eigenen Leib. Das ist eine große Herausforderung, eine hohe Latte, die gelegt ist. Die meisten von uns lieben sich immer noch selbst am meisten. Aber das ist ja gerade das Problem. Wenn wir Männer beginnen würden, unsere Frau wirklich so sehr zu lieben wie unseren eigenen Leib, würden unsere Ehen schnell viel besser aussehen. Frauen wollen geliebt werden und warten darauf, dass wir Männer es endlich tun. Saat und Ernte funktioniert auch hier – absolut.

ERMUTIGUNG FÜR HEUTE

Beginne noch heute, deine Frau bewusst zu lieben wie deinen eigenen Leib. Konzentriere dich auf sie, denke an sie, sprich gut über sie, ganz einfach: Liebe sie. Zeige ihr deine ungeteilte Liebe. Wenn du deine Frau liebst, liebst du dich wirklich selbst.

»Darum wird der Mann Vater und Mutter verlassen und sich an seine Frau binden und die zwei werden ein Fleisch sein.«
Epheser 5:31

Wenn ein Mann seine Frau liebt wie seinen eigenen Leib, wird es für den Mann kein Problem mehr sein, Vater und Mutter zu verlassen. Wenn eine Frau von ihrem Mann so geliebt wird wie sein eigener Leib, wird es auch für die Frau kein Problem mehr sein, Vater und Mutter zu verlassen. Der Mann wird sich dann gerne an die Frau binden und die Frau wird sich gerne an den Mann binden – und sie werden ein Fleisch sein, ein Leib. Das ist ein großes Geheimnis. Wer es versteht und danach handelt, wird die Früchte seines Handelns genießen.

Warum ist es für so viele Männer oder Frauen so schwierig, sich von Vater und Mutter zu lösen? Eine Frau, die Vater und Mutter nicht wirklich – auch innerlich – verlassen hat, wird in der Ehe keine vollkommene Erfüllung finden. Ein Mann, der seine Mutter immer noch höher achtet als seine eigene Frau, wird kein guter Ehemann sein. Es ist deswegen so schwierig, weil viele Eheleute noch nicht verstanden haben, was es heißt, sich an den anderen zu **binden** und zwar aus **purer Liebe** zueinander. Eine Ehe ist nicht eine 50:50-Partnerschaft, sondern eine 100:100-Einheit. Ein Herz und eine Seele und dann auch ein Fleisch, ein Leib. Vollkommen eins. Fruchtbar in jeder Beziehung. Es beginnt beim Mann.

ERMUTIGUNG FÜR HEUTE

Männer, beginnt noch heute, eure Frau wirklich zu lieben wie den eigenen Leib. Dann wird es für die Frau einfacher, viel einfacher, Vater und Mutter zu verlassen und sich ganz dem Manne hinzugeben. Dies wiederum macht es dem Mann viel einfacher, Vater und Mutter zu verlassen und sich ganz an seine Frau zu binden.

TAG **30**

»Manchen gefällt ein Weg wohl, und trotzdem führt er ihn zum Tode.«

Man kann über alles diskutieren. Viele sind überzeugt, dass ihre Meinung die richtige sei, und doch ... Wer von euch kennt jemanden, der sagt: „Ich hab's mein Lebtag lang so gemacht, es war immer recht, ich ändere mich nicht mehr ..."

Was nützt es, an etwas festzuhalten, das nicht in die Fülle des Lebens geführt hat? Viele Leute sind überzeugt, dass ihr Weg der richtige ist. Sie haben Gefallen daran gefunden, die Fassade glänzt, doch der Schein trügt. Es gibt Aufzeichnungen einiger sehr bekannter Menschen aus früheren Zeiten, die ein Leben lang als sehr erfolgreich gegolten haben und doch am Sterbebett erkennen mussten, dass der Weg zum Tode führte. Und ich meine jetzt den ewigen Tod. Lasse dich nicht blenden von glitzernden Fassaden und aufgesetzten Masken. Es geht hier auf Erden nicht primär um dieses Erdenleben.

Es geht vielmehr um die richtige Entscheidung im Hinblick auf das ewige Leben. Das Erdenleben mag glitzernd gewesen sein, das ewige Leben ist trotzdem „ewiger Tod". Denn das ganze Ziel dieses Erdenlebens ist doch die Vorstufe für die Ewigkeit! **Wo** werde ich meine Ewigkeit verbringen? Das ist die Kernfrage. Es mögen zwar viele Wege nach Rom führen, doch es gibt nur einen Weg zu Gott. Jesus sagt: **„Ich bin der Weg,** die Wahrheit und das Leben. Keiner kommt zum Vater, denn durch mich." Ist Jesus etwa ein Lügner?

ERMUTIGUNG FÜR HEUTE

Weiche der Frage des ewigen Lebens nicht aus. Diese Frage musst du beantworten, solange du auf dieser Erde bist. Hier wird die Entscheidung getroffen – von dir und niemand sonst. Tu dir selbst einen Gefallen und lies bitte in der Bibel den Römerbrief, Kapitel 10, Vers 10.

TAG 31

»Gefallen dem Herrn die Wege eines Menschen, so versöhnt er auch seine Feinde mit ihm.«
Sprüche 16:7

Jeder Mensch hat Feinde, oder er kennt eben Menschen, die an seinem Wohlwollen nicht mit derselben Intensität interessiert sind, wie er selbst. Ist auch natürlich. Aber es gibt Menschen, die verfolgen andere Menschen bewusst, um ihnen Schaden zuzufügen. Sie haben jemanden zum Feinde erklärt. Aus den verschiedensten Gründen. Negatives Erlebnis, Konkurrenz im Geschäft, persönliche Beleidigung usw.

Du fragst: „Was kann man denn schon dagegen tun, Feinde zu haben? Man kann doch nicht verhindern, dass man jemandes Feind ist." Das stimmt. Aber die Frage ist, wie reagiere ich auf einen Feind? Schlage ich zurück? Liebe ich die persönliche Vergeltung oder tue ich, was die Bibel sagt?

Die Bibel sagt z. B.: Liebet eure Feinde. Tut wohl denen, die euch hassen.

Das klingt so idealistisch. Aber, egal wie es klingt, es ist doch die wirksamste Form, Feinden zu begegnen. Den Feinden in Liebe zu begegnen ist ein Weg, der Gott gefällt. Feinde zu segnen ist ein Weg, der Gott gefällt. Feinden gegenüber in Liebe zu handeln ist ein Weg, der Gott gefällt. Und er ist mehr als fähig, deine Feinde mit dir zu versöhnen und damit unschädlich zu machen.

Ich weiß es aus eigener Erfahrung.

ERMUTIGUNG FÜR HEUTE

Beginne, deine Feinde zu segnen, ihnen Gutes zu wünschen. Auch wenn es dir anfangs schwer fällt oder komisch vorkommt. Aber es lohnt sich. Es ist der wirksamste Weg der Feindesbekämpfung, sie zu Freunden zu machen. Am besten dadurch, dass Gott sie mit dir versöhnt.

ERLÄUTERUNGEN

UNSERE VISION - UNSER ZIEL:

Es ist unser erklärtes Ziel, Menschen zu helfen erVOLLgREICH ins 3. Jahrtausend zu gehen. Begeistert zu leben in einer frustrierten, oft lieblosen Welt. Das ist gar nicht so selbstverständlich in der heutigen Zeit. Schau dich nur um in deiner Verwandtschaft und Bekanntschaft und du wirst viele Menschen finden, die „es satt haben", frustriert sind und oft sogar lebensmüde. Das muss nicht so sein. Es gibt eine Alternative. Und die heißt: BEGEISTERT LEBEN in einer frustrierten Welt. Und das alles beginnt bei dir - und nicht beim Nachbarn, beim Chef oder bei den Mitarbeitern. Auch nicht bei den Politikern, sondern bei DIR - für dein Leben.

WAS VERSTEHEN WIR UNTER „ERVOLLG"?

Wir verstehen unter ErVOLLg eine Lebenssituation, in der der einzelne Mensch in der Lage ist, ein erfülltes, VOLLes Leben zu leben. Begeistert, erfüllt, einfach VOLL sein mit guten Dingen. **ER** = das bist du, ist **VOLL** mit **G**'s: z.B. VOLL mit Gesundheit, VOLL mit Geld, und auch VOLL mit Gott und allen guten Dingen, die ER denen bereitet hat, die IHN lieben. Jesus Christus hat ja im Johannes-Evangelium, Kapitel 10, Vers 10 gesagt: „...; ich aber bin gekommen, damit ihr Leben habt und das in **VOLL**er **G**enüge." Kein anderer, kein Religionsstifter und auch kein Politiker hat das jemals versprochen und auch gehalten. Manche haben es versucht zu versprechen - wie eben Politiker sind.

WAS VERSTEHEN WIR UNTER „ERVOLLGREICH"?

REICH ist jemand nicht, weil er viel Geld hat. Ich kenne einige Menschen, die man „reich" nennt, aber sehr arm sind, denn Geld kann vieles nicht kaufen. Auf alle Fälle nicht das, was der Mensch wirklich sucht: echte Liebe, Wertschätzung, Anerkennung, Erfüllung und den Frieden im Herzen. Geld ist ein ausgezeichnetes Werkzeug, oft auch ein guter Problemlöser, aber ein miserabler Gott. Die wichtige Frage ist ja: Bin ich ein Sohn des Königs oder ein Sklave von Götzen? Geld allein - ohne den Frieden Gottes im Herzen - ist ein Götze, der Menschen zu Sklaven macht. Man kann aber beides haben. Das erfüllte Leben des Sohnes und Geld als Werkzeug zum Problemelösen.

WAS VERSTEHEN WIR UNTER „LEBEN?"

Unter „LEBEN" verstehen wir viel mehr als nur Existieren. Viele Menschen existieren ziemlich gut - aber sie wissen nicht, was DAS LEBEN wirklich ist. Viele existieren auf einer sehr hohen Ebene. Viele vegetieren einfach nur dahin und warten auf die Pensionierung, weil ihnen noch nie jemand gesagt hat, dass Leben viel mehr ist als nur die Zeit zu verbringen um alt zu werden und wieder „zu verschwinden".

Jesus ist gekommen, damit wir **DAS LEBEN** haben und es in VOLLer Genüge haben. Die Bibel nennt das: „Die unsterbliche Natur Gottes (das ewige Leben) in sich tragen." Darum hat auch der Apostel Johannes geschrieben: „Wer Jesus Christus hat, hat DAS LEBEN, wer Jesus Christus nicht hat, hat DAS LEBEN nicht." (1. Joh. 4:11-12). Wie kann jemand von Lebensqualität reden, wenn er nicht einmal DAS LEBEN hat. Jesus Christus sagte: „Ich BIN der Weg, die Wahrheit und DAS LEBEN ..."

Wie kommt man zu diesem LEBEN? Durch eine persönliche ENTscheidung für Jesus Christus entsprechend Joh. 1:11-12 und Römer 10:8-10. Also ganz einfach. Man muss nur eine persönliche ENTscheidung treffen = Aufheben einer Scheidung und das Leben Gottes empfangen.

WARUM ZITIEREN WIR DIE BIBEL UND BENUTZEN „BIBLISCHE BEISPIELE"?

Viele meiner Kunden, für die ich ein Seminar gehalten habe, sagten schon zu mir, ich dürfe ohne weiteres auch die Bibel zitieren und auch von Gott reden, denn alles andere, alle Philosophien und Theorien der letzten Jahrzehnte hätte man schon gehört und hätten das Versprochene nicht gebracht. Also vielleicht sollten wir doch mal die Bibel „probieren". Probieren alleine wird nicht viel bringen, sondern du solltest es auch glauben. Aber ist es nicht seltsam, dass man alle möglichen Leute aus der Geschichte zitieren darf und man gilt dann als „gescheit", weil man z.B. Goethe oder Sokrates zitieren kann. Wenn dann aber jemand die Bibel oder Jesus Christus selbst zitiert, dann wird sofort ein großes Fragezeichen (?) dahinter gesetzt. Und der, der Jesus zitiert, wird nicht selten sofort in „die Sektenecke" gestellt. Welch ein Nonsens! Warum sollte man nicht viel mehr noch Jesus Christus zitieren? Er ist doch der einzige der großen Männer der Geschichte, nach dem eine ganze Zeitrechnung verändert wurde. Also muss er Gewaltiges vollbracht haben. Naja, die Welt ist eben stockverrückt - das hat schon mein Vater gesagt.

Wenn du noch nicht glauben kannst, was Jesus Christus gesagt hat, dann beginne doch wenigstens mit dem „Probieren". So habe ich auch begonnen. Unter dem Motto: „Hilft's nix, so schadet's nix." Und mein Leben wurde gewaltig verändert und bereichert.

IST DAS EINE BESTIMMTE GLAUBENSGEMEINSCHAFT ODER KIRCHE?

Für Gott spielt es überhaupt keine Rolle, ob jemand katholisch ist, oder evangelisch oder Baptist, Methodist oder sonst was ist. Für Gott, den Vater, ist nur eines wichtig und zwar: Ob jemand IN Jesus Christus ist. Die Zugehörigkeit zu einer bestimmten Organisation ist für Gott nicht entscheidend. Organisationen sind Werke von Menschen. Du brauchst weder wo austreten noch wo eintreten, sondern dort, wo du bist, ein IN CHRISTUS erfülltes LEBEN leben - zur Freude und Begeisterung anderer Menschen, die deine Hilfe brauchen.

WARUM SAGE ICH „DU" ZU MEINEN LESERN?

Als ich vor mehr als 15 Jahren mein erstes Buch geschrieben habe, war ich schon mit der Frage konfrontiert, meine Leser mit dem üblichen SIE oder dem vertrauten DU anzusprechen. Und ich habe mich für das vertraute DU entschieden. Ganz einfach deshalb, weil ich meine Leser als meine Freunde betrachte und eine persönliche Beziehung aufbauen möchte. So manche meiner Leser haben mir schon gesagt: „Wenn ich deine Bücher lese, dann habe ich das Gefühl ich sitze neben dir und du sprichst zu mir persönlich." Genau das möchte ich tun. Ich schreibe meine Bücher nicht für deinen Verstand, sondern für dein Herz. Jeder Satz soll dich ermutigen, auferbauen und beGEISTern.

Ich betrachte dich als meinen Freund. Daher habe ich eine Bitte an dich: Wenn du mich mal persönlich triffst, komme auf mich zu und sprich mich einfach auch mit „Du" an, z.B. „Du, Karl", und ich weiß sofort, dass du eines meiner Bücher gelesen hast und auch mich als deinen Freund betrachtest. Ich freue mich darauf.

WARUM MUSS DER GEIST DES MENSCHEN UND DER VERSTAND DES MENSCHEN RICHTIG MITEINANDER VERBUNDEN WERDEN?

Gott hat es so geschaffen, dass der Mensch eine Trinität ist: Der Mensch ist Geist, hat Seele (Verstand, Wille, Gefühl) und wohnt in einem Körper. Man kann das mit dem Computer vergleichen: Betriebssystem, Software, Hardware. Wenn jemand sagt, dass Betriebssystem und Software ein und dasselbe sei, dann weiß ich, dass er vom Computer nicht viel versteht und sein Output wird nicht sehr brauchbar sein. Wenn einer sagt, dass beim Menschen Geist und Seele ein und dasselbe sei, dann weiß ich, dass er vom Menschen nicht viel versteht. Deshalb ist vielleicht der Output seines Lebens auch nicht so, wie er sich das gerne wünschen würde.

Jedenfalls: Gott hat uns beides gegeben: Seinen Geist und unseren Verstand. Und er hat uns beides gegeben, um es zum Nutzen anderer Menschen einzusetzen. Und je besser der Geist und der Verstand kompatibel und aufeinander abgestimmt sind, umso effizienter und erfüllter wird unser Leben sein. Ist doch logisch, oder?

Dein Verstand ist zu mehr guten Dingen fähig, als du glaubst. Setz ihn ein.

Der Geist Gottes in deinem Leben ist kraftvoller, als du glaubst. Lass ihn wirken. Und in der richtigen Kombination der beiden gilt dann: „Alles ist möglich, dem der glaubt!"

EIN PERSÖNLICHES WORT DES AUTORS:

Ich stamme aus armen Verhältnissen. Mein Vater war Kleinlandwirt und katholischer Totengräber in Sarleinsbach/ Mühlviertel/Österreich. Das Mühlviertel war nach dem 2. Weltkrieg eine wirtschaftlich benachteiligte Gegend. Wir hatten kein Geld um irgendetwas studieren zu können - aber ich hatte von Jugend an den festen Willen, mit meinem Leben etwas anzufangen. Obwohl ich 9 Jahre im öffentlichen Dienst war, hat mich mein „Unternehmerblut" nicht verlassen. Neben meiner Beamtentätigkeit hatte ich eine Reihe von Nebenverdiensten, geschäftliche Projekte und politische Ämter und mit 24 Jahren habe ich dann meine Beamtenlaufbahn total beendet um mich ganz dem Unternehmertum hinzugeben. Das war 1972. Seither habe ich Dutzende Unternehmen, Organisationen, Projekte etc. gegründet und pioniert und dabei alle Höhen und Tiefen des Lebens erlebt. Ich kenne auch aus persönlichem Erleben die Folgen von Konkurs und Misserfolg, Scheidung und Krebs, öffentliche Schande und das verlieren von „Freunden". Und ich kann dir aus eigener Erfahrung sagen:

Man kann aus jedem Problem ein Projekt machen, aus jedem Stolperstein ein Sprungbrett und aus jedem Tod eine Auferstehung.

Was ich dir sage und schreibe, ist ERLEBTES aus unserem eigenen Leben. WIR (meine Frau Monika und unsere 6 Kinder, die wir gemeinsam großgezogen haben) SIND mehr als Überwinder.

Und DU schaffst es auch - wenn DU willst.

UNSER BACKGROUND:

Bereits 1979 haben wir uns ein Haus in Texas gekauft (wir waren auf der Suche nach dem Sinn des Lebens) und haben (fast) jeden Sommer dort verbracht. 1986 haben wir dann unsere Zelte in Texas abgebrochen und uns in Tulsa, Oklahoma niedergelassen. Seither sind wir mit vielen (manchmal längeren) Unterbrechungen in Tulsa, Oklahoma wohnhaft und wir nennen es unser Zuhause. Alle unsere Kinder hatten das Vorrecht dort eine christliche Privatschule zu besuchen. Dies war die beste Investition unseres Lebens. Ich bin in den letzten 20 Jahren über 150-mal zwischen USA und Europa hin- und hergeflogen um meine Berufung - Menschen zu helfen erVOLLgREICH zu leben - zu erfüllen. Wir versuchen dabei das GUTE, was es in Amerika gibt, mit dem GUTEN, was es in Europa gibt, miteinander zu verbinden. Wenn es uns gelingt, die Qualitäten der Deutschen mit der Lebensphilosophie, der Kreativität und der Denkweise der Amerikaner in der richtigen Weise miteinander zu verbinden, dann sind wir Deutschen (auch Österreicher und Schweizer) am Weltmarkt unschlagbar und persönlich erVOLLgREICH.

DIE WICHTIGSTE ENTSCHEIDUNG DEINES LEBENS:

Viele Menschen fragen immer wieder: „Was ist die wichtigste Entscheidung meines Lebens?“ Das ist ganz einfach zu beantworten. Gott selbst bietet uns in Jesus Christus SEIN Leben an.

Im Johannes-Evangelium Kap. 1:11-12 steht: „ER kam in sein Eigentum, aber die Seinen nahmen ihn nicht auf. Allen aber, die IHN aufnahmen, denen gab er die Macht Kinder Gottes zu sein:"

Gottes Angebot an uns lautet: „Ich schenke dir mein Leben. Meine Natur. Meine Gerechtigkeit, meine Liebe. Mein Leben. Das Leben Gottes." Aus reiner Liebe und Gnade. Vollkommen kostenlos und ohne Bedingungen. Im Johannes-Evangelium 3:16 steht: „So sehr hat Gott die Welt geliebt, dass ER seinen einzigen Sohn (Jesus Christus) hingab, damit alle, die an IHN glauben, nicht verloren gehen, sondern ewiges LEBEN (das Leben Gottes) haben."

Daher empfehle ich dir und lade dich ein, nimm das Angebot Gottes an. Es ist die beste Entscheidung deines Lebens. Dein Leben bekommt dadurch wieder richtig Sinn. Und es ist so einfach. Bete einfach folgendes Gebet mit ganzem Herzen:

„Vater im Himmel, ich danke dir für deine Liebe und deine Gnade. Ich möchte heute dein Angebot annehmen und DEIN Leben empfangen. Danke, dass du mir all meine Schuld und Sünde vergeben hast. Ich glaube in meinem Herzen, dass Jesus Christus der Sohn Gottes ist und dass er von den Toten auferstanden ist zu einem neuen Leben. Und ich mit ihm. Jesus, ich lade dich daher jetzt ein, komm in mein Herz und mache mich zu einem neuen Menschen IN Christus. Danke, dass du meine Bitte erhört hast. Ich bin jetzt ein Kind Gottes."

Das war die wichtigste Entscheidung und das wichtigste Gebet in deinem Leben. Es spielt keine Rolle, ob du katholisch bist oder evangelisch oder freikirchlich oder überhaupt keiner Kirche angehörst. Du brauchst auch nirgends beitreten, sondern dich ganz einfach freuen, dass Gott dich liebt und er dich sein Kind nennt. Gott schaut nicht auf Organisationen, sondern er hat seine Gnade den Menschen geschenkt.

Ich freue mich von dir zuhören.

Karl Pilsl

ÜBER DEN AUTOR

Karl Pilsl ist ein seit 35 Jahren in alle Höhen und Tiefen eingeweihter, selbstständiger Unternehmer, seit 1977 Medien-Unternehmer, seit 1979 auch in den USA tätig und dort seit 1987 Wirtschaftsjournalist, Autor von bisher mehr als 20 Büchern zu den Themen Strategie, Leadership, Motivation, Wirtschaftsrevolution, Trends, erVOLLgREICHes Leben und gelebter Christlicher Werte.

Karl Pilsl hat in den letzten 35 Jahren mehr als ein Dutzend Unternehmen und Organisationen in Deutschland, Österreich und den USA gegründet, Hunderte Mitarbeiter aufgebaut und geführt, viele Leadership-Teams installiert und ist so mit allen Herausforderungen eines mittelständischen Unternehmers vertraut. Er ist u. a. Gründer der Österreichischen Baumarktforschung, heute als Baudata GmbH zur Bertelsmann-Gruppe gehörend. Er ist auch inspirierender Berater einiger einflussreicher Persönlichkeiten in Wirtschaft und Politik.

Karl Pilsl ist seit über 20 Jahren gefragter Seminarleiter, Consultant und spricht jährlich Hunderte Mal bei Veranstaltungen aller Art „around the world". Er steht auch in Deutschland und Österreich für begeisternde, ermutigende Veranstaltungen, ausgerichtet für zielstrebige Unternehmer und Führungskräfte zur Verfügung. Nähere Auskunft dazu beim Verlag.

Er hat Hunderten Unternehmern geholfen, ihre erfolgreiche Unternehmens-Strategie zu entwickeln und umzusetzen. Seit 1987 beschäftigt er sich insbesondere damit, herauszufinden, was deutsche Unternehmer und Führungskräfte von ihren amerikanischen Kollegen lernen können, hat dazu Dutzende amerikanische Firmen analysiert auf die ihren großartigen Erfolgen zugrunde liegenden Erfolgsprinzipien.

Karl Pilsl ist auch Gründer von USA-FOR-YOU Corp., eine amerikanische Gesellschaft, die für deutsche Unternehmer und Führungskräfte „praktische Studienreisen" in die USA anbietet, um vor Ort selbst zu erleben, wo der entscheidende Unterschied zwischen der Denkweise deutscher und amerikanischer Unternehmer liegt. Mehr Info dazu unter www.usa-for-you.com.

Seine bisher letzten Bücher „Die 10 Haupttrends der aus den USA kommenden Wirtschaftsrevolution" und „Die Naturkonforme Strategie" sind wiederum Bestseller und besonders attraktiv für moderne Marketingunternehmen.

Karl und Monika Pilsl haben eine große Familie mit insgesamt acht Kindern und (bisher) acht Enkelkindern. Sie leben sowohl in Tulsa, Oklahoma (USA) als auch im Bayerischen Wald.

WEITERE MEDIEN VON KARL PILSL

Die naturkonforme Strategie
Die Natur ist erfolgreich. Jahr für Jahr. Was macht sie richtig?
Wenn wir aufhören, kompliziert zu denken und bereit sind, von der Natur zu lernen, dann wird das Leben einfach und höchst interessant. Wenn wir aufhören, allen alles recht machen zu wollen und beginnen, uns auf unsere Stärken und Talente und auf unsere Berufung zu konzentrieren, dann wird es sehr einfach, Spitzenleistungen zu erbringen und damit viele Menschen glücklich zu machen. - Die Natur ist Franchising und Network-Marketing zugleich. Die Natur versteht es blendend, sich zu multiplizieren. - Deutschland hat zu viele Manager und viel zu wenige Leader. Menschen lassen sich nicht managen, Menschen möchten geführt werden.
A5, 120 Seiten, ISBN 3-935760-00-0, VK **EUR 12,00**

Die 10 Haupttrends der aus den USA kommenden Wirtschaftsrevolution
Wir stehen mitten in einer noch nie da gewesenen Wirtschaftsrevolution - weltweit!
Ob Sie zu den Siegern oder zu den Verlierern dieser Revolution gehören, liegt an Ihnen.
A5, 126 Seiten, ISBN 3-935760-05-01, VK **EUR 12,00**

Wem gehört die Zukunft in Europa?
Die aus den USA kommende Wirtschaftsrevolution des 21. Jahrhunderts und die damit verbundene Arbeitsmarktrevolution. Wer die Trends der heutigen Zeit früh genug erkennt, wird auch in Zukunft wirtschaftlichen Erfolg haben. Welche Trends sind das und welche Chancen und Möglichkeiten habe ich dadurch?
Live-Mitschnitt eines Vortrags, 3 CDs Gesamtlaufzeit ca. 125 min, VK **EUR 28,00**

Starke Worte für starke Zeiten Nr. 1 - Du bist geboren zum Sieg
Wir leben in starken Zeiten. Die Entwicklungen im begonnenen 3. Jahrtausend und die Zeichen der Zeit sind atemberaubend. Die Welt ist nicht mehr so, wie sie einmal war. Wir alle stehen ganz neuen Herausforderungen gegenüber. Die rapide Veränderung ist die einzige Konstante, die es heute gibt. Ungewißheit über die Zukunft macht sich breit. Die Angst der Menschen wächst. Wir leben in starken Zeiten. Starke Zeiten verlangen nach starken Worten, nach Worten der Ermutigung, Worten der Hoffnung, Worten, die Power bringen. Dieses Buch ist eine wahre Ermutigung für die Herausforderungen des Alltags.
A5, 52 Seiten, ISBN 3-935760-11-6, VK **EUR 6,00**

Starke Worte für starke Zeiten Nr. 2
ErVOLLgreich ins 3. Jahrtausend
A5, 52 Seiten
ISBN 3-935760-12-4, VK **EUR 6,00**

Starke Worte für starke Zeiten Nr. 3
Nimm dein Leben in die Hand
A5, 52 Seiten
ISBN 3-935760-13-2, VK **EUR 6,00**

Starke Worte für starke Zeiten Nr. 4
Lebe ein Leben der Freude
A5, 52 Seiten
ISBN 3-935760-14-0, VK **EUR 6,00**

»So komme ich zu meinem Traumjob!«

Niemals arbeitslos, wenn ...

Teil I dieses Buches ist für Menschen geschrieben, die es vorziehen, in einem Unternehmen zu arbeiten, das ihnen nicht gehört und denen eine geregelte Arbeitszeit wichtig ist.Teil II dieses Buches ist für Menschen geschrieben, die es vorziehen, für sich selbst und zur Sicherung der eigenen Zukunft zu arbeiten, ihre Zeit frei einteilen möchten und ihren ErVOLLg davon abhängig machen, wie viel Zeit sie in andere Menschen investieren möchten.

Beide Wege sind sehr gute Wege.Der erste Weg ist riskanter.

Der eine ist für das Erstere,der andere ist für das Zweitere geboren.

A5, 116 Seiten, ISBN 3-935760-03-5, VK **EUR 12,00**

Der kybernetisch wirkungsvollste Punkt im Glaubensleben

Wie kann ich wirklich praktisch erleben, was Gott mir geschenkt hat?

Wenn ich Christ bin, LEBT Jesus Christus IN MIR. SEIN Leben ist MEIN Leben geworden. Wie kann ich diese Fülle Gottes in mir in meinem Alltagsleben wirklich real erleben? Worauf muss ich mich in meinem Christ sein konzentrieren, dass die Frucht des Geistes (das erfüllte Leben) automatisch in meinem Leben sichtbar wird? Wie löse ich diesen begeisternden Automatismus aus? Christ sein ist höchst attraktiv. Wie kann ich das „Leben Gottes in mir" in persönliche Anziehungskraft verwandeln und damit viele Menschen erreichen?

A5, 118 Seiten, erschienen unter Wort+Geist Medien AG, VK **EUR 12,00**

... und ER heilte sie alle!

Göttliche Heilung empfangen - Göttliche Gesundheit behalten

mit Vorwort von Pastor Helmut Bauer

Viele Wissenschaftler wissen es noch nicht! Aber Krebs ist heilbar. Und zwar in jedem einzelnen Fall. Ja, wir müssen umdenken! Es gibt Dinge zwischen Himmel und Erde, von denen viele NICHTS wissen - weil es uns NIE GESAGT wurde. WENN SIE BEREIT SIND, Ihre bisherige Philosophie über Krankheit, Gesundheit, Gott und die Welt einmal zu hinterfragen und eventuell auch in Frage zu stellen, dann sollten Sie dieses Buch unbedingt lesen.

A5, 92 Seiten, erschienen unter Wort+Geist Medien AG, VK **EUR 10,00**

WEITERE MEDIEN VON KARL PILSL

Starke Worte für starke Zeiten Nr. 5 - Es geht aufwärts

A5, 52 Seiten, ISBN 3-935760-15-9

Erscheinungsdatum 2005

Starke Worte für starke Zeiten Nr. 6 - Die Power von x³

A5, 52 Seiten, ISBN 3-935760-16-7

Erscheinungsdatum 2005

Starke Worte für starke Zeiten Nr. 7 - Auf festem Fundament

A5, 52 Seiten, ISBN 3-935760-17-5

Erscheinungsdatum 2005

Starke Worte für starke Zeiten Nr. 8 - Meine Zukunft ist gesichert

A5, 52 Seiten, ISBN 3-935760-18-3

Erscheinungsdatum 2005

Ein aktuelles Medienverzeichnis bzw. Seminarangebote des Autors Karl Pilsl und des Verlags Gute Nachricht erhalten Sie bei:

Verlag Gute Nachricht GmbH
Freyunger Str. 53 a
D-94146 Vorderschmiding
Tel. 08551/9149-0 · Fax 08551/9149-14
E-Mail: office@verlag-gute-nachricht.de

oder im Internet:
www.wirtschaftsrevolution.de

Der Autor des Buches steht auch für individuelle Vortragsveranstaltungen zur Verfügung. Anfragen richten Sie bitte an den Verlag.

Einige seiner „Lieblingsthemen“:
Visionäre Leadership
Management frustriert - Leadership begeistert
Die Trends der Wirtschaftsrevolution
Naturkonforme Strategie
Träume - Visionen - Ziele
Wem gehört die Zukunft in Europa?